# ANALYSE de l'œuvre

Par Guillaume Peris
et Marie-Pierre Quintard

# Les Caprices de Marianne

d'Alfred de Musset

lePetitLittéraire.fr

# Rendez-vous sur lepetitlitteraire.fr et découvrez :

Plus de 1200 analyses
Claires et synthétiques
Téléchargeables en 30 secondes
À imprimer chez soi

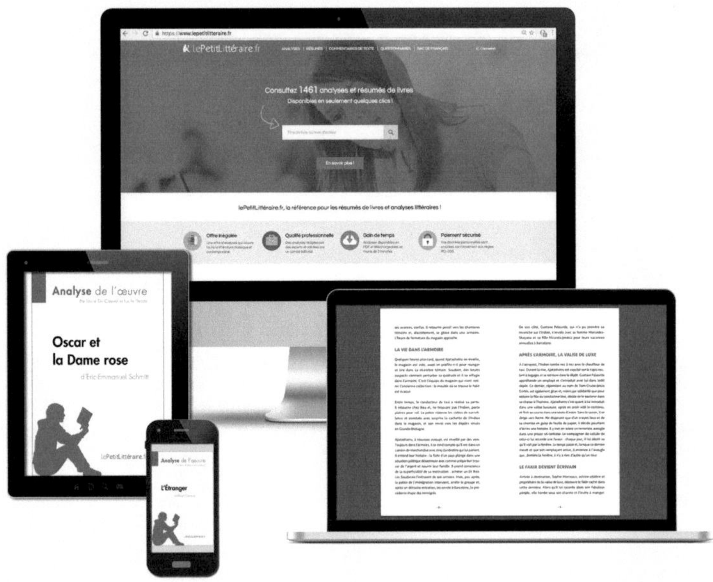

# ALFRED DE MUSSET

## POÈTE ET DRAMATURGE FRANÇAIS

- **Né en 1810 à Paris**
- **Décédé en 1857 dans la même ville**
- **Quelques-unes de ses œuvres :**
  - *On ne badine pas avec l'amour* (1834), pièce de théâtre
  - *Lorenzaccio* (1834), pièce de théâtre
  - *La Confession d'un enfant du siècle* (1836), roman

Alfred de Musset est considéré aujourd'hui comme un auteur romantique, même si sa place dans l'histoire littéraire n'est pas aisée à définir. Issu d'une famille de petite noblesse, il se lie au cercle romantique, en fréquentant notamment le Cénacle, autour de Charles Nodier (écrivain, romancier et académicien français, 1780-1844) et de Victor Hugo (poète, dramaturge et prosateur romantique français, 1802-1885). Il écrit entre autres, durant cette période, des poèmes d'inspiration romantique qui ne seront publiés qu'après sa mort. Mais très vite (environ deux ans plus tard), Musset marque son indépendance à l'égard de ce mouvement : il s'intéresse peu aux œuvres romantiques ainsi qu'aux bouleversements politiques de son époque. À la mort de son père en 1832, il décide de se consacrer au métier d'écrivain.

Connu surtout pour ses pièces de théâtre (*On ne badine pas avec l'amour* ou *Lorenzaccio*), Musset est également l'auteur de nombreux poèmes, ainsi que d'une œuvre en prose, *La Confession d'un enfant du siècle*. Ses œuvres ont souvent été influencées par ses liaisons tumultueuses avec de nombreuses femmes, dont l'écrivaine George Sand (romancière, journaliste et critique littéraire française, 1804-1876).

- 2 -

# LES CAPRICES DE MARIANNE

## UNE HISTOIRE D'AMOUR ET DE TRAHISON

- **Genre :** comédie
- **Édition de référence :** *Les Caprices de Marianne*, Paris, Bordas, coll. « Univers des Lettres Bordas », 1985, 128 p.
- **1re édition :** 1833
- **Thématiques :** amour, fidélité, libertinage, double, confiance, mort

*Les Caprices de Marianne* est une pièce de théâtre qui parait dans la *Revue des Deux Mondes* en mai 1833 et appartient aux œuvres de jeunesse de Musset. Ces dernières ont comme point commun de traiter de la relation amoureuse, de la fidélité et de la différence qui existe entre les hommes et les femmes. Toutes ces œuvres, à l'exception de *Fantasio* (1834), parlent en effet de trahison et d'amour déçu. On pourrait ainsi penser que la relation orageuse de Musset avec George Sand, qu'il ne rencontre qu'en juin 1833, lui aurait inspiré la prétendue trahison de Cœlio par Octave. Il n'en est pourtant rien.

La pièce est remaniée par Musset en 1851 en vue de sa représentation théâtrale.

# RÉSUMÉ



### Scène 1

La scène se passe devant la maison de Marianne. Ciuta, une entremetteuse, annonce à Marianne que Cœlio, un jeune noble, est amoureux d'elle et qu'il tente en vain de le lui faire savoir depuis un mois. Prude, fidèle et dévote, Marianne s'oppose à cette relation. Au récit de ce refus, Cœlio oppose son désespoir et s'en va.

Claudio, l'époux de Marianne, pense erronément que sa femme a des amants et s'en ouvre à son valet Tibia : ce dernier émet pourtant des doutes.

Cœlio réapparait ensuite et rencontre son ami Octave, libertin notoire et cousin de Claudio. Le jeune noble parle à son ami de son amour rendu impossible par la fidélité de Marianne à son époux. Octave propose alors d'user de son lien de parenté avec Claudio pour approcher Marianne et servir d'entremetteur. Cœlio accepte et se retire.

Lorsque Marianne arrive, Octave essaie de vanter les mérites de son ami auprès d'elle. Pourtant, il est confronté à toute la détermination de Marianne qui l'interdit d'aller à l'encontre de sa fidélité envers Claudio. Elle met ainsi fin à toute discussion.

## Scène II

On découvre la maison de Cœlio et la mère de ce dernier, Hermia, en grande conversation avec son intendant, Malvolio. À son arrivée, Cœlio parle avec sa mère et la conversation dévie sur le thème de la passion amoureuse.

Dans sa jeunesse, Hermia a été l'objet de l'amour d'un certain Orsini, sans que cette passion ne soit jamais réciproque. Un jeune homme, l'ami d'Orsini, jouait les entremetteurs. Mais l'amoureux transi fut éconduit et partit quelque temps en voyage pour oublier sa peine. À son retour, Hermia et l'entremetteur, le futur père de Cœlio, étaient mariés. Orsini, se pensant trahi, se suicida. Cette histoire, qui comporte de nombreuses similitudes avec ce qui va suivre, conduira Cœlio à tirer des conclusions hâtives quant à la prétendue tromperie de son ami Octave.

## Scène III

Cette scène se déroule dans le jardin de Claudio. On surprend ce dernier en train d'expliquer à son valet Tibia qu'il a changé d'avis : il pense que sa femme est fidèle et vertueuse. Marianne arrive pendant cette conversation, rapporte à son époux les propos d'Octave et lui demande de lui fermer définitivement sa porte, ainsi qu'à Cœlio. Or Claudio interprète la sincérité de sa femme comme de la malice et se met à penser qu'elle cherche à endormir des soupçons fondés.

# ACTE II

## Scène I

Dans une rue, Ciuta annonce à Octave que Cœlio s'est résigné. Ce dernier arrive, manifestement affecté par la conversation qu'il a eue avec sa mère (qui est sans doute à l'origine de son renoncement et d'une certaine méfiance vis-à-vis d'Octave). Son ami lui demande les raisons de cette soudaine défiance : finalement, Cœlio le laisse libre de poursuivre sa démarche d'entremetteur.

À l'heure des vêpres, Cœlio sort et Marianne fait son entrée. S'ensuit une conversation pleine d'ironie et de sarcasmes entre Marianne et Octave, dans laquelle ce dernier tente de lui faire croire que Cœlio en aime une autre, ce à quoi Marianne réplique : « Quel dommage ! [...] Voyez comme le hasard me contrarie ! Moi qui allais l'aimer. » (acte II, scène I) Lorsque celle-ci s'en va, Octave est sûr de son échec et se met à boire, attablé sous la tonnelle d'une auberge. C'est à ce moment que Claudio arrive. Octave entame avec lui une joute verbale, bien décidé à passer ses nerfs sur l'époux de Marianne. Au départ de Claudio, Cœlio réapparait et Octave lui annonce que Marianne est définitivement inaccessible. Cœlio s'en va, l'âme en peine.

À la fin des vêpres, Marianne entre en scène et passe à côté d'Octave, assis avec sa bouteille. S'ensuit une longue conversation truculente, encore plus sarcastique que la précédente, où chacun évoque son point de vue sur l'amour, et où Marianne prend finalement le dessus en dénonçant l'injustice du sort réservé aux femmes dans la société.

## Scène II

Cette conversation sous la tonnelle n'a pas échappé à Ciuta, qui en informe Cœlio en lui préconisant de se méfier d'Octave. Mais Cœlio, porté par l'espoir, fait fi de ses conseils.

## Scène III

Cette même conversation, surprise par Claudio depuis la fenêtre de sa maison, pousse ce dernier, persuadé d'être trompé, à s'en prendre à sa femme. Marianne est outrée et, ayant sa conscience pour elle, prend comme une insulte le fait que son époux lui reproche d'avoir discuté avec un homme dans la rue : elle décide donc de faire ce qui lui plait. Elle demande à voir Octave et lui annonce qu'elle est bien déterminée à prendre un amant ou un chevalier servant, mais qu'elle ne veut pas de Cœlio : il lui déplait et elle préfère sans aucun doute Octave, sans pour autant le lui dire explicitement. Celui-ci plaide encore la cause de son ami, sans succès. Un rendez-vous est fixé au soir, sans que ne soit réellement déterminé quel sera l'homme qui se présentera à la porte de Marianne : elle s'en remet à Octave quant au choix de son amant.

## Scène IV

Octave vient néanmoins annoncer à Cœlio que Marianne l'attend le soir même, bien décidé à forcer les choses. Fou de joie, celui-ci se précipite chez Marianne. Il part malheureusement trop vite pour prendre connaissance de la missive qu'Octave reçoit, lui annonçant que Claudio a eu vent de la rencontre et se tient prêt à attaquer l'amant avec des spadassins (des tueurs à gages).

## Scène v

Cœlio arrive dans le jardin de Marianne, mais Claudio et les spadassins sont en embuscade. Il réalise dans quel piège il vient de tomber au moment où il parle à Marianne qui est à sa fenêtre. Celle-ci, persuadée de s'adresser à Octave, l'appelle par ce dernier prénom. Pensant être trahi par son ami et blessé d'être rejeté de la sorte, il se laisse volontairement tuer par les spadassins. Lorsqu'Octave arrive sur les lieux, il est déjà trop tard.

## Scène vi

Octave et Marianne sont sur la tombe de Cœlio. Octave pleure son ami et Marianne lui révèle qu'il a une place dans son cœur. Mais Octave la rejette : « Je ne vous aime pas Marianne ; c'était Cœlio qui vous aimait. » (acte II, scène vi)

# ÉTUDE DES PERSONNAGES

## CŒLIO

Cœlio est un jeune noble éperdument amoureux de Marianne. Dès le début de la pièce, il apparait comme une victime. En effet, contrairement aux autres personnages (notamment Octave et Marianne), il semble faible, se cramponnant à l'espoir d'un amour impossible au point de chercher des entremetteurs quand ses tentatives déjà trop nombreuses ont échoué.

Au-delà de cette faiblesse, il montre une certaine détresse psychologique qui se manifeste à travers sa complaisance dans le malheur, dans laquelle il se drape (il s'habille en noir pendant le carnaval notamment dans la première scène). En effet, ce jeune romantique est le fruit d'une amitié trahie, et l'amour semble pour lui devoir nécessairement reproduire ce schéma et n'être que malheureux (la scène avec sa mère, lors de laquelle cette dernière raconte son histoire, révèle ce fardeau dans la deuxième scène). Oiseau de malheur de la pièce, il transmet à Octave le poids qu'il tient de son père.

Ce personnage rêveur, en quête de l'amour idéal, fait preuve d'une sensibilité extrême qu'il exprime dans un lyrisme poétique :

> « Ah ! que je fusse né dans le temps des tournois et des batailles ! Qu'il m'eût été permis de porter les couleurs de Marianne et de les teindre de mon sang ! Qu'on m'eût donné un rival à combattre, une armée entière à défier ! Que le sacrifice de ma vie eût pu lui être utile ! » (acte II, scène II)

Ainsi les principales caractéristiques de cet être sensible, auquel son destin échappe, font de Cœlio le personnage romantique par excellence.

## MARIANNE

Marianne est un personnage complexe. Jeune et manifestement belle, elle est fidèle et ingénue. Sa dévotion est aussi caricaturale que le libertinage d'Octave. Pourtant, la complexité de ces deux personnages les rapproche. En effet, sous ce vernis de candeur et de dévotion, c'est une femme intelligente et fine qui se révèle. Elle sait être cruelle, sarcastique et aime les raisonnements, comme lorsqu'elle réplique à Octave, quand il essaie de lui faire croire que Cœlio en aime désormais une autre : « [...] peut-être que cet amour n'était encore qu'un pauvre enfant à la mamelle et vous, comme une sage nourrice, en le menant à la lisière, vous l'aurez laissé tomber la tête la première en le promenant par la ville. » (acte II, scène I)

Peu à peu, la jeune fille devient une femme et entend s'affirmer comme telle, d'abord auprès de son époux, ensuite face à Octave :

- devant son mari, elle se livre à ses premiers discours d'indépendance. Féministe avant l'heure, elle n'entend pas obéir aveuglément. Elle est tout à fait disposée à faire ce qu'il lui semble juste, tant qu'on ne fait pas preuve d'injustice à son égard, ce que Claudio apprendra à ses dépens (acte II, scène III) ;
- dès lors, elle s'ouvre à Octave, acceptant de parler

d'amour – sentiment qu'elle n'éprouve pas, de toute évidence, à l'égard de son mari – et d'évoquer l'idée de s'y soumettre. Mais le jeune homme la repousse et elle commencera sa vraie vie amoureuse par un amour déçu.

## OCTAVE

Bien que très peu décrit par Musset, on imagine aisément qu'Octave est un beau jeune homme aux mœurs légères. Libertin avide de conquêtes féminines, il aime jouir des plaisirs de la vie, du jeu, de la fête et de l'alcool : il est en cela très différent de son ami Cœlio. Lorsqu'il apparait pour la première fois dans la pièce, il est habillé en Arlequin et totalement ivre. Il n'est pas rentré chez lui depuis huit jours. Pourtant, sous ses airs désinvoltes, c'est un homme sensible.

Il est fidèle en amitié, au point de repousser Marianne à deux reprises (acte II, scènes I et VI). Guidé par un grand sens de l'honneur et de l'amitié, on peut voir en lui une sorte d'écorché vif déçu par l'amour. Son amitié pour Cœlio est certainement ce qui lui permet de ne pas perdre pied et de ne pas sombrer dans un cynisme destructeur, car elle éclaire ce qu'il y a de bon en lui, comme il l'exprime après la mort de son ami :

> « Les longues soirées que nous avons passées ensemble sont de fraîches oasis dans un désert aride ; elles ont versé sur mon cœur les seules gouttes de rosée qui y soient jamais tombées. Cœlio était la bonne partie de moi-même ; elle est remontée au ciel avec lui. » (acte II, scène VI)

C'est pourquoi la disparition de Cœlio, parti en se croyant

trahi, bouleversera sa perception de la vie. C'est comme s'il se laissait désormais aller au désespoir, désœuvré par le monde qui l'entoure, après avoir lutté durant toute sa vie contre cet accablement et contre les normes bourgeoises qui l'entourent en menant une vie de débauche, comme il l'expliquait à Cœlio au début de la pièce :

> « Figure-toi un danseur de corde, [...] le balancier au poing, suspendu entre le ciel et la terre ; à droite et à gauche, de vieilles petites figures racornies, de maigres et pâles fantômes, des créanciers agiles, des parents et des courtisans, toute une légion de monstres, se suspendent à son manteau et le tiraillent de tous côtés pour lui faire perdre l'équilibre [...]. Il continue sa course légère de l'orient à l'occident. [...] toutes les mains tendues autour de lui ne lui feront pas renverser une goutte de la coupe joyeuse qu'il porte à la sienne. Voilà ma vie, mon cher ami ; c'est ma fidèle image que tu vois. » (acte I, scène I)

Ainsi, son libertinage forcené n'était sans doute qu'une parade pour faire face aux turpitudes de la vie et pour combattre une forme de désespoir.

## CLAUDIO

Juge de son état, mais butor dès qu'il s'agit de sa vie personnelle, Claudio est un mari âgé et jaloux, trop attaché au souci de la représentation sociale. Il fait preuve d'une suspicion maladive envers sa femme. Bien que secondaire, ce personnage est doté de traits de caractère marqués. Complètement instable (ce qui se manifeste par son changement radical de discours, comme à la scène III de l'acte I, qui démarre par « ma femme est un trésor de pureté » et se termine par « J'imagine que ma femme me trompe »), il est aussi misogyne et autoritaire, sentiments dont il fait preuve à l'égard de Marianne après l'avoir surprise en conversation avec Octave sous la tonnelle : « Ne me poussez pas à quelque fâcheuse extrémité par vos extravagances, et réfléchissez à ce que vous faites. [...] Je vous défendrais de le voir et d'échanger avec lui aucune parole [...] » (acte II, scène III)

## HERMIA

Hermia est aussi un personnage secondaire. Mère surprotectrice de Cœlio, elle fut telle Marianne en son temps. Sa présence sert surtout à expliquer l'état psychologique de son fils. En effet, elle entretient la détresse de ce dernier en ressassant l'histoire de trahison qui a guidé sa propre vie amoureuse. C'est indirectement elle qui met en place la mort de son fils car son histoire incite Cœlio à croire irrémédiablement à la trahison, ce qui l'incline à se laisser mourir (acte II, scène V).

## CIUTA

Ciuta est une vieille entremetteuse. Contrairement aux apparences, son rôle est indispensable à la pièce. Elle permet en effet, dans un premier temps, de mettre en relief les extrémités auxquelles Cœlio est réduit pour se faire connaitre de Marianne, puisqu'il s'en remet à elle en désespoir de cause, n'ayant pas réussi à parler lui-même à Marianne (acte I, scène I). Par ailleurs, elle nourrit la fixation que fait celui-ci sur l'histoire de sa mère et le pousse, dans une certaine mesure, à se croire trahi par son ami (acte II, scène II).

## TIBIA ET MALVOLO

Tibia (valet) et Malvolo (intendant) sont les principaux interlocuteurs de Claudio, pour le premier, et d'Hermia, pour le second. Ils permettent de tisser l'intrigue et de donner de l'ampleur à ces deux derniers personnages.

# CLÉS DE LECTURE

## UN THÉÂTRE HYBRIDE : ENTRE ROMANTISME ET CLASSICISME

*Les Caprices de Marianne* est une pièce singulière, difficile à classer dans un genre. En effet, bien qu'elle soit écrite en pleine période romantique (elle s'inspire donc en partie de ce mouvement), elle garde les traces d'une tradition classique (avec laquelle Musset veut renouer) qui marque encore le théâtre en ce début de XIX$^e$ siècle : les dramaturges romantiques se positionnent par rapport à cet héritage, que ce soit dans l'opposition ou, au contraire, dans l'adhésion à ses règles strictes.

### LE THÉÂTRE CLASSIQUE

Le théâtre classique nait dans la seconde moitié du XVII$^e$ siècle et répond à un certain nombre de règles issues du théâtre antique. Celles-ci sont connues sous le nom de « règle des trois unités ». Il s'agit de :

- l'unité de temps : l'action ne doit pas dépasser 24 heures tandis que, dans l'idéal, le temps de l'action doit correspondre à celui de la représentation ;
- l'unité d'action : tous les évènements doivent être liés, depuis l'exposition jusqu'au dénouement. Les intrigues secondaires sont proscrites, sauf si elles permettent d'éclairer l'action principale ;
- l'unité de lieu : l'action doit se dérouler en un lieu

unique.

Cette règle a pour but de concentrer l'attention du spectateur sur l'intrigue pour mieux l'émouvoir et d'accroitre la vraisemblance des faits représentés.

Par ailleurs, l'unité de ton doit être respectée (afin de ne pas mélanger les genres), ainsi que la bienséance (tout ce qui va à l'encontre de la morale doit être proscrit) tandis que les personnages doivent avoir un caractère cohérent.

Ce qui singularise le théâtre de Musset à cette époque est précisément ce mélange des genres tragique et romantique, cet entredeux dans lequel l'auteur tente de se maintenir.

## Une pièce avant tout romantique

Bien qu'on y retrouve une unité d'action et de temps (en dehors de la dernière scène qui prend place après l'enterrement de Cœlio), *Les Caprices de Marianne* est un drame romantique par plusieurs aspects.

### LE DRAME ROMANTIQUE

Le drame romantique est un genre théâtral du début du XIXᵉ siècle, caractérisé principalement par la volonté du dramaturge de se démarquer de la tradition tragique classique.

Cette volonté de démarcation se traduit essentiellement par l'abandon de l'unité de temps (tout ne se déroule plus entre le lever et le coucher du soleil) et de l'unité de lieu (l'abondance de lieux rend désormais l'action plus réaliste). L'unité d'action est également parfois écartée au profit d'intrigues complexes. Enfin, les sujets, loin d'une noblesse quasi mythique à l'image du théâtre de Racine (dramaturge français, 1639-1699), sont parfois de basse extraction et usent de registres de langue variés, rappelant ainsi les proxénètes et filles de joie de l'écrivain et dramaturge latin Plaute (254-184 av. J.-C.).

Quelques textes majeurs du drame romantique :

* *Hernani*, Victor Hugo (1830)
* *Lorenzaccio*, Alfred de Musset
* *Chatterton*, Alfred de Vigny (1835)

En effet, dans *Les Caprices de Marianne*, l'unité de lieu est loin d'être respectée. Bien entendu, la ville reste la même, mais le décor n'est jamais identique d'une scène à l'autre. De plus, quand on pense se retrouver dans la rue, devant la maison de Marianne, Musset précise bien qu'il s'agit encore d'« une autre rue » (acte II, scène II). Nous sommes donc bien en présence de « théâtre dans son fauteuil » (c'est-à-dire d'un théâtre destiné à être lu), car on imagine mal, à l'époque, comment mettre en scène un décor aussi changeant.

De même, le choix de personnages tels que Marianne, Octave ou encore Ciuta évoque davantage, par leurs origines sociales et leur fantaisie oratoire, Plaute que Racine. Seul Cœlio est ouvertement noble. On évolue dans une bourgeoisie aux mœurs discutables, bien loin de la noblesse plus ou moins mythique et magnifiée qu'on trouvait dans les tragédies classiques.

Par ailleurs, comme beaucoup de jeunes romantiques, Musset était un lecteur passionné de Shakespeare (poète, dramaturge et écrivain anglais, 1564-1616) : cette influence se retrouve notamment dans la verve d'Octave dont les jeux de langage rappellent la gouaille de certains personnages shakespeariens. Ainsi le romantisme, genre émergeant en ce début de XIX<sup>e</sup> siècle, est-il clairement repérable chez Musset, dans ce « théâtre d'harmonie et de lyrisme, d'idéalisme et de passion, de mélancolie[,] de confidences, [et] de contrastes », tel que le définit Pierre Gastinel (dans la présentation de la pièce, p. 26).

## Une adaptation vers une forme plus classique

Cependant, Musset n'a pas totalement aboli, dans cette pièce, une certaine rigueur issue du siècle classique, en respectant notamment l'unité d'action. Quant à l'unité de temps, elle est également observée, à l'exception de la dernière scène qui se situe, de manière un peu décalée, après l'enterrement de Cœlio. Écrite au départ pour être lue, Musset a dû remanier sa pièce en 1851 en vue de sa représentation. Grâce à cette construction dramatique proche du classicisme, il a pu facilement apporter au texte les retouches nécessaires pour satisfaire aux exigences scéniques de l'époque qui sont encore celles du siècle classique.

Alfred de Musset a notamment modifié la dernière scène en situant l'entretien d'Octave et Marianne non devant le tombeau de Cœlio, mais près de son cadavre encore tiède afin de concentrer l'action en une journée. Il a dû également simplifier la variété des décors pour revenir à un décor unique. Mais ces modifications ont nui à la vraisemblance de la pièce dont la richesse initiale tient justement à la fusion harmonieuse de différentes influences.

Il faudra attendre 1935 pour que la version originale de 1833 soit mise en scène par Gaston Baty (homme de théâtre, 1885-1952).

## LA TRADITION TRAGIQUE ET LE DESTIN

### La mécanique implacable du destin comme moteur de l'action

On retrouve dans *Les Caprices de Marianne* une certaine dimension tragique avec le poids du destin. En effet, Cœlio, tel un héros tragique, voit son destin couru d'avance dès la deuxième scène du premier acte, qui résonne comme la prophétie pesant sur les épaules d'un héros grec.

Plus encore, dès la première scène, on découvre que l'amoureux transi va se retrouver confronté à un spadassin. Ainsi la pièce est-elle constellée d'indices : le destin du héros semble inéluctable. Personne ne parviendra à empêcher l'issue fatale. On peut même dire que personne, pas même Octave, ne cherche à l'empêcher :

- Ciuta rapproche Cœlio de Marianne (acte I, scène I) et entretient son malêtre (acte II, scène II) ;
- Claudio poste des spadassins (acte I, scènes I et III ; acte II,

scène V) ;

- Octave parvient, en déployant ses efforts tout au long de la pièce, à envoyer Cœlio chez Marianne ;
- enfin, Hermia et son histoire sont la source des maux de Cœlio (acte I, scène II).

Cœlio est ainsi poussé vers sa mort tragique, dont l'histoire d'Hermia résonne comme une prophétie.

Pourtant, Musset donne à ce présage un écho particulier. S'il semble respecter la structure de la tragédie classique, à savoir exposition, déroulement de l'intrigue et dénouement, il parvient néanmoins à tisser cette courte pièce de manière symétrique :

- Dans les premières scènes des deux actes, Cœlio est chaque fois ravagé par la tristesse tandis qu'Octave et Marianne mènent de grandes conversations ; à la deuxième scène du premier acte, où l'on découvre ce qui sonne comme une prophétie, répond la deuxième scène du second acte dans laquelle Ciuta fait part à Cœlio de ses soupçons sur la trahison d'Octave ;
- enfin, les troisièmes scènes des deux actes présentent les inimitiés de Marianne et de son époux. Bien entendu, la situation évolue entre les deux actes, mais les indices du destin tragique de Cœlio qui jalonnent le premier acte sont fidèlement répétés au second.

La seule dissymétrie provient des trois dernières scènes du deuxième acte. Il s'agit en fait du dénouement que l'on attend depuis le début. L'action se précipite et la prophétie se réalise sous la forme d'un quiproquo : la mort du héros, au sens tragique du terme.

## Une conception romantique du destin

Ainsi, par une construction habile et efficace, Musset parvient à représenter la mise en marche d'un destin inéluctable, comme dans la tragédie classique. Cependant, cette issue inexorable est aussi le fait des caprices du hasard. En effet, la mort de Cœlio peut aussi être vue comme la conséquence d'une série de malentendus. Elle illustre l'absurdité et la cruauté du monde. C'est aussi cette nuance qui fait de cette pièce un drame romantique et non une tragédie antique, car ce ne sont plus les dieux qui manipulent le destin des hommes, comme dans la société polythéiste antique, mais bien le hasard, l'absurdité et l'imprévu. En effet, le lecteur a le sentiment que ces malentendus auraient tout aussi bien pu être évités.

## LES VARIATIONS STYLISTIQUES

Musset, en tant qu'auteur de la génération romantique, s'applique à mettre l'homme et sa complexité au centre de son œuvre. Pour représenter au mieux ce que nous sommes, son style se devait de refléter la diversité des expressions et des sentiments humains. C'est pourquoi on trouve plusieurs registres dans cette pièce, qui s'articulent et se mêlent néanmoins de façon tout à fait harmonieuse. On peut ainsi repérer, chez un même personnage, un langage concis, simple, direct et alerte, qui s'envole tout à coup dans un style oratoire plus complexe si la tension dramatique le nécessite. Les dialogues entre Marianne et Octave sont assez exemplaires de ces brusques changements de tons (acte II, scène I).

Chez Octave, l'ironie vient souvent tempérer l'expression romantique du mal de vivre : « Je suis capable d'ensevelir ma tristesse dans ce vin, ou du moins ce vin dans ma tristesse » (acte II, scène I). Elle reflète aussi sa vivacité d'esprit et son intelligence, notamment lorsqu'il se confronte à Claudio (acte II, scène I). Le contraste entre ces deux personnages, qui transparait dans ces joutes verbales, produit un effet comique certain. Et les jeux de mots et facéties qui ponctuent ces dialogues ne sont pas sans rappeler les comédies shakespeariennes.

Face à ces personnages à l'éloquence contrastée, qui souligne leur complexité, d'autres s'expriment dans un langage plus uniforme, mais extrêmement caractéristique. C'est le cas notamment des personnages fantoches comme Claudio et Tibia, qui usent d'un langage apparemment sensé, mais qui n'est pourtant soutenu par aucune pensée. La facilité avec laquelle Claudio change d'opinion sur la fidélité de sa femme (acte I, scène III) est une illustration parfaite de son raisonnement aléatoire. Cet esprit girouette, dont les opinions semblent ouvertes aux quatre vents, use lui-même d'images burlesques qui lui siéent à merveille : « Pensez-vous que je sois un mannequin, et que je me promène sur la terre pour servir d'épouvantail aux oiseaux ? » (acte II, scène III)

L'autre personnage au style bien défini est Cœlio. Ses longues tirades poétiques s'inscrivent dans la pure lignée du lyrisme romantique, qui recherche une certaine musicalité et vise un idéal à travers l'expression de ses propres sentiments.

On pourrait ajouter pour terminer, que les quiproquos et les malentendus sur lesquels repose la progression de l'action, reflètent la conscience romantique de l'impuissance du langage à dire le vrai :

- Cœlio mourra en se pensant trahi par son ami et sans avoir eu le courage d'avouer lui-même son amour, ce qui aurait peut-être convaincu Marianne ;
- Octave n'a pas su convaincre Marianne et a poussé bien malgré lui Cœlio vers la mort ;
- enfin, si Marianne avait avoué d'emblée son attirance pour Octave, celui-ci n'aurait sans doute pas poussé Cœlio à la rejoindre.

La lecture de cette pièce peut ainsi laisser un certain sentiment de gâchis.

## LE REFUS D'UN CARCAN SOCIAL

Outre le plaisir que procure la lecture des échanges entre Marianne et Octave, ces joutes oratoires sont avant tout révélatrices d'un thème latent développé tout au long de l'œuvre : le combat de Marianne pour exister en tant qu'être à part entière, prémices de la lutte féministe à venir. Loin d'être anachronique, ce discours existe déjà depuis de nombreuses années à l'époque où la pièce est écrite.

Marianne, au début de la pièce, est une jeune fille telle que la littérature classique la présente habituellement : jeune et mariée à un homme plus âgé, elle est dévote, prude et ingénue. Mais la lecture de la pièce va la révéler différemment au fur et à mesure de l'avancée de l'intrigue. En réalité,

Marianne n'est pas plus prude ou ingénue que n'importe quelle femme. Si elle repousse les avances de Cœlio par l'entremise d'Octave, c'est plus par mépris pour ce que sont les libertins et pour les opinions qu'ils ont des femmes que par pudeur. De même, elle ne supporte pas que Claudio prétende avoir des droits de propriété sur elle. Elle ne peut admettre d'être dévaluée, quel que soit son comportement, et elle ne tolère pas qu'on décide pour elle :

> « Mon cher cousin, est-ce que vous ne plaignez pas le sort des femmes ? Voyez un peu ce qui m'arrive. Il est décrété par le sort que Cœlio m'aime, ou qu'il croit m'aimer, lequel Cœlio le dit à ses amis, lesquels amis décrètent à leur tour que, sous peine de mort, je serai sa maîtresse. La jeunesse napolitaine daigne m'envoyer en votre personne un digne représentant, chargé de me faire savoir que j'aie à aimer ledit seigneur Cœlio d'ici à une huitaine de jours. Pesez cela, je vous en prie. Si je me rends, que dira-t-on de moi ? N'est-ce pas une femme bien abjecte que celle qui obéit à point nommé, à l'heure convenue, à une pareille proposition ? Ne va-t-on pas la déchirer à belles dents, la montrer du doigt, et faire de son nom le refrain d'une chanson à boire ? Si elle refuse, au contraire, est-il un monstre qui lui soit comparable ? Est-il une statue plus froide qu'elle, et l'homme qui lui parle, qui ose l'arrêter en place publique son livre de messe à la main, n'a-t-il pas le droit de lui dire : "Vous êtes une rose du Bengale sans épines et sans parfum !" » (acte II, scène I)

Ce qui rend Marianne furieuse, c'est que l'on puisse la priver de son libre arbitre, qu'on la dépossède de son statut d'être doué de raison. La seule chose, finalement, qu'elle n'a de cesse d'essayer d'obtenir, c'est de pouvoir agir comme elle l'entend, pour des raisons qui lui sont propres, et c'est sans doute cette volonté affirmée que sous-entend le terme de « caprices » choisi par Musset pour le titre de sa pièce. Plus qu'exiger un droit à l'amour, les diatribes de Marianne expriment son désir d'exister par elle-même.

Cette idée n'est pas nouvelle. Les salons du XVIIe siècle entendent faire retentir les voix des femmes aristo-crates. Celles-ci restent d'ailleurs célèbres : ce sont Mlle de Scudéry (femme de lettres française, 1607-1701) ou Mme de Rambouillet (tenancière du premier salon parisien, 1588-1665). En 1622, bien avant Musset, Mlle de Gournay (femme de lettres française, 1565-1645) écrit un livre dans lequel elle prône l'égalité des sexes. On trouve aussi des échos de ce courant de pensée chez Marivaux (romancier et auteur comique français, 1688-1763) ou chez Mme de Staël (écrivaine et philosophe française, 1766-1817).

## LA DUALITÉ DE MUSSET À TRAVERS SES PERSONNAGES

Cœlio et Octave représentent en réalité les deux facettes du caractère de Musset. En effet, selon Gaston Baty (homme de théâtre français, 1885-1952), cet auteur pouvait être tour à tour un individu « jouisseur, brillant, débauché, ironique, se content[ant] des amours qui passent », puis « tendre, ardent, mélancolique et douloureux, rêv[ant] de la grande passion qui viendrait emplir sa vie » (cité p. 25 dans *Les Caprices de Marianne*). Pétri de contradictions, il était en quête perpétuelle de l'amour idéal et cultivait sa mélancolie, en proie au « mal du siècle » (un malaise existentiel ressenti par la jeunesse romantique) comme peut l'être Cœlio, tout en se plongeant en même temps dans une vie de débauche et de libertinage, multipliant les aventures amoureuses (à l'instar d'Octave). Cependant, cette dernière attitude, apparemment désinvolte, mais néanmoins distinguée, cache en réalité une réaction délibérée pour échapper aux turpitudes de la société. Son libertinage affiché semble n'être qu'une façade, et la fin de la pièce nous donne une clé pour mieux comprendre ce personnage complexe :

> « Ce tombeau m'appartient : [...] c'est moi qu'ils ont tué. Adieu la gaieté de ma jeunesse, l'insouciante folie, la vie libre et joyeuse au pied du Vésuve ! [...] Adieu, Naples et ses femmes, les mascarades à la lueur des torches, les longs soupers à l'ombre des forêts ! Adieu l'amour et l'amitié ! ma place est vide sur la terre. » (acte II, scène VI)

Cœlio n'est pas seulement l'ami d'Octave : il est l'autre visage de sa personnalité. Car, aussi peu évident que cela puisse paraitre au premier abord, ces deux personnages s'entrecroisent : Cœlio remet entre les mains d'un libertin le destin de son amour idéal, et Octave s'en empare avec dévouement et un total désintéressement. Ainsi, la frontière entre la pureté des sentiments et leur perversion n'est pas toujours très nette. Musset excelle, avec le personnage d'Octave, dans la représentation de la complexité de la nature humaine.

# PISTES DE RÉFLEXION

## QUELQUES QUESTIONS POUR APPROFONDIR SA RÉFLEXION...

- Pourquoi peut-on dire que le personnage d'Hermia est déterminant pour l'intrigue ?
- La pièce de Musset est avant tout un drame romantique. Cependant, elle présente aussi des caractéristiques de la tragédie. Expliquez ce qu'elle tient de l'un et de l'autre genre.
- Qu'est-ce qui fait de Cœlio un personnage romantique ?
- Quelle est la place du destin dans *Les Caprices de Marianne* ? Cela fait-il écho à d'autres pièces que vous connaissez ?
- Cette œuvre constitue-t-elle une dénonciation ?
- Cette pièce vous semble-t-elle davantage destinée à la lecture ou à la représentation ? Justifiez votre opinion.
- En quoi cette pièce est-elle représentative du théâtre de Musset ?
- En quoi l'attitude de Marianne peut-elle être comparée aux principes de la lutte féministe ?
- Quels sont les points d'analogie entre deux personnages de Musset, Lorenzaccio et Octave ?
- En quoi Musset se rapproche-t-il de Plaute, auteur de l'Antiquité ?

*Votre avis nous intéresse !*
*Laissez un commentaire sur le site de votre librairie en ligne*
*et partagez vos coups de cœur sur les réseaux sociaux !*

# POUR ALLER PLUS LOIN

## ÉDITION DE RÉFÉRENCE

- MUSSET A. de, *Les Caprices de Marianne*, Paris, Bordas, coll. « Univers des Lettres Bordas », 1985.

## SUR LEPETITLITTÉRAIRE.FR

- Commentaire de la scène II de l'acte II des *Caprices de Marianne*.
- Commentaire de la scène VIII de l'acte III d'*On ne badine pas avec l'amour* d'Alfred de Musset.
- Fiche de lecture sur la *Confession d'un enfant du siècle* d'Alfred de Musset.
- Fiche de lecture sur *Fantasio* d'Alfred de Musset.
- Fiche de lecture sur *Il ne faut jurer de rien* d'Alfred de Musset.
- Fiche de lecture sur *Lorenzaccio* d'Alfred de Musset.
- Fiche de lecture sur *On ne badine pas avec l'amour*.
- Questionnaire de lecture sur *On ne badine pas avec l'amour*.
- Questionnaire de lecture sur *Lorenzaccio*.

# Retrouvez notre offre complète sur lePetitLittéraire.fr

- des fiches de lectures
- des commentaires littéraires
- des questionnaires de lecture
- des résumés

---

**ANOUILH**
- Antigone

**AUSTEN**
- Orgueil et Préjugés

**BALZAC**
- Eugénie Grandet
- Le Père Goriot
- Illusions perdues

**BARJAVEL**
- La Nuit des temps

**BEAUMARCHAIS**
- Le Mariage de Figaro

**BECKETT**
- En attendant Godot

**BRETON**
- Nadja

**CAMUS**
- La Peste
- Les Justes
- L'Étranger

**CARRÈRE**
- Limonov

**CÉLINE**
- Voyage au bout de la nuit

**CERVANTÈS**
- Don Quichotte de la Manche

**CHATEAUBRIAND**
- Mémoires d'outre-tombe

**CHODERLOS DE LACLOS**
- Les Liaisons dangereuses

**CHRÉTIEN DE TROYES**
- Yvain ou le Chevalier au lion

**CHRISTIE**
- Dix Petits Nègres

**CLAUDEL**
- La Petite Fille de Monsieur Linh
- Le Rapport de Brodeck

**COELHO**
- L'Alchimiste

**CONAN DOYLE**
- Le Chien des Baskerville

**DAI SIJIE**
- Balzac et la Petite Tailleuse chinoise

**DE GAULLE**
- Mémoires de guerre III. Le Salut. 1944-1946

**DE VIGAN**
- No et moi

**DICKER**
- La Vérité sur l'affaire Harry Quebert

**DIDEROT**
- Supplément au Voyage de Bougainville

**DUMAS**
- Les Trois Mousquetaires

**ÉNARD**
- Parlez-leur de batailles, de rois et d'éléphants

**FERRARI**
- Le Sermon sur la chute de Rome

**FLAUBERT**
- Madame Bovary

**FRANK**
- Journal d'Anne Frank

**FRED VARGAS**
- Pars vite et reviens tard

**GARY**
- La Vie devant soi

**GAUDÉ**
- La Mort du roi Tsongor
- Le Soleil des Scorta

**GAUTIER**
- La Morte amoureuse
- Le Capitaine Fracasse

**GAVALDA**
- 35 kilos d'espoir

**GIDE**
- Les Faux-Monnayeurs

**GIONO**
- Le Grand Troupeau
- Le Hussard sur le toit

**GIRAUDOUX**
- La guerre de Troie n'aura pas lieu

**GOLDING**
- Sa Majesté des Mouches

**GRIMBERT**
- Un secret

**HEMINGWAY**
- Le Vieil Homme et la Mer

**HESSEL**
- Indignez-vous !

**HOMÈRE**
- L'Odyssée

**HUGO**
- Le Dernier Jour d'un condamné
- Les Misérables
- Notre-Dame de Paris

**HUXLEY**
- Le Meilleur des mondes

**IONESCO**
- Rhinocéros
- La Cantatrice chauve

**JARY**
- Ubu roi

**JENNI**
- L'Art français de la guerre

**JOFFO**
- Un sac de billes

**KAFKA**
- La Métamorphose

**KEROUAC**
- Sur la route

**KESSEL**
- Le Lion

**LARSSON**
- Millenium 1. Les hommes qui n'aimaient pas les femmes

**LE CLÉZIO**
- Mondo

**LEVI**
- Si c'est un homme

**LEVY**
- Et si c'était vrai…

**MAALOUF**
- Léon l'Africain

**MALRAUX**
- La Condition humaine

**MARIVAUX**
- La Double Inconstance
- Le Jeu de l'amour et du hasard

**MARTINEZ**
- Du domaine des murmures

**MAUPASSANT**
- Boule de suif
- Le Horla
- Une vie

**MAURIAC**
- Le Nœud de vipères

**MAURIAC**
- Le Sagouin

**MÉRIMÉE**
- Tamango
- Colomba

**MERLE**
- La mort est mon métier

**MOLIÈRE**
- Le Misanthrope
- L'Avare
- Le Bourgeois gentilhomme

**MONTAIGNE**
- Essais

**MORPURGO**
- Le Roi Arthur

**MUSSET**
- Lorenzaccio

**MUSSO**
- Que serais-je sans toi ?

**NOTHOMB**
- Stupeur et Tremblements

**ORWELL**
- La Ferme des animaux
- 1984

**PAGNOL**
- La Gloire de mon père

**PANCOL**
- Les Yeux jaunes des crocodiles

**PASCAL**
- Pensées

**PENNAC**
- Au bonheur des ogres

**POE**
- La Chute de la maison Usher

**PROUST**
- Du côté de chez Swann

**QUENEAU**
- Zazie dans le métro

**QUIGNARD**
- Tous les matins du monde

**RABELAIS**
- Gargantua

**RACINE**
- Andromaque
- Britannicus
- Phèdre

**ROUSSEAU**
- Confessions

**ROSTAND**
- Cyrano de Bergerac

**ROWLING**
- Harry Potter à l'école des sorciers

**SAINT-EXUPÉRY**
- Le Petit Prince
- Vol de nuit

**SARTRE**
- Huis clos
- La Nausée
- Les Mouches

**SCHLINK**
- Le Liseur

**SCHMITT**
- La Part de l'autre
- Oscar et la Dame rose

**SEPULVEDA**
- Le Vieux qui lisait des romans d'amour

**SHAKESPEARE**
- Roméo et Juliette

**SIMENON**
- Le Chien jaune

**STEEMAN**
- L'Assassin habite au 21

**STEINBECK**
- Des souris et des hommes

**STENDHAL**
- Le Rouge et le Noir

**STEVENSON**
- L'Île au trésor

**SÜSKIND**
- Le Parfum

**TOLSTOÏ**
- Anna Karénine

**TOURNIER**
- Vendredi ou la Vie sauvage

**TOUSSAINT**
- Fuir

**UHLMAN**
- L'Ami retrouvé

**VERNE**
- Le Tour du monde en 80 jours
- Vingt mille lieues sous les mers
- Voyage au centre de la terre

**VIAN**
- L'Écume des jours

**VOLTAIRE**
- Candide

**WELLS**
- La Guerre des mondes

**YOURCENAR**
- Mémoires d'Hadrien

**ZOLA**
- Au bonheur des dames
- L'Assommoir
- Germinal

**ZWEIG**
- Le Joueur d'échecs

www.lepetitlitteraire.fr

ISBN version numérique : 978-2-8062-1845-2
ISBN version papier : 978-2-8062-1353-2
Dépôt légal : D/2013/12603/187

Avec la collaboration de Marie-Pierre Quintard pour l'étude des personnages d'Octave et de Claudio ainsi que pour les chapitres « Une adaptation vers une forme plus classique », « Une conception romantique du destin », « Les variations du style » et « La dualité de Musset à travers ses personnages ».

Conception numérique : Primento,
le partenaire numérique des éditeurs.

Ce titre a été réalisé avec le soutien de la Fédération Wallonie-Bruxelles, Service général des Lettres et du Livre.